AF562573

L'ÉTAT

DEVANT

LES ÉLECTIONS

LE MEXIQUE

PRIX : 50 CENTIMES

PARIS

CHEZ DENTU, LIBRAIRE-ÉDITEUR

Palais-Royal, 17 et 19, Galerie d'Orléans

1863

L'ÉTAT

DEVANT

LES ÉLECTIONS

Les élections prochaines au Corps législatif inspirent aux candidats des publications à peu près uniformes comme profession de foi. Ceux que le gouvernement abrite de sa protection se félicitent de cette distinction flatteuse et du succès qui les attend ; les autres s'ils veulent satisfaire leurs désirs ambitieux, sont forcés d'entrer dans la lutte comme candidats de l'opposition. Cependant le candidat contraint de prendre cette désignation, a beau être aussi dévoué à l'Empereur et à sa dynastie que son rival préféré, a beau se dire opposant modéré, opposant sans opposition, il lui faut néanmoins parler aux électeurs; il est obligé d'exposer les raisons qui doivent faire préférer sa personnalité à la personnalité administrative ;

il commence donc par justifier son attitude en annonçant qu'il fera de l'opposition (mais bien entendu avec toute l'indépendance de caractère et tout le patriotisme qu'on lui connaît).

Or, pour faire de l'opposition, il faut détruire quelque chose de l'ordre existant ; il faut annoncer que l'on poursuivra la suppression d'un abus dans l'intérêt de l'ordre et de la bonne administration, et il est douteux que ces hommes de tant d'ordre et de tant de dévouement (à les entendre), que ces conservateurs démolisseurs arrivent à reconstruire mieux que ce qui existe, avec les mêmes matériaux et une dépréciation de plus qui sera leur œuvre.

Tous, sans exception, ont choisi pour sujet de leur thèse l'augmentation de la dette publique consolidée et de la dette flottante. Leur tâche est facile; ils signalent le fait connu à des esprits éclairés qui n'avaient pas besoin de leur exposé pour en pousser plus loin qu'eux-mêmes les conséquences.

C'est parce nous voyons la lutte engagée sur ce terrain, que nous croyons du devoir d'un homme d'ordre de combattre cette tendance à assombrir notre situation financière ; et pour cela il suffit de restituer à cette situation sa véritable physionomie.

Sans nier les lourdes charges que nous a imposées notre classement au premier rang des nations, nous essaierons de démontrer que tout n'est pas perdu encore, et que la France, pour rentrer dans la plénitude de ses forces, n'a pas besoin des empiriques.

Nous n'examinerons pas les cas particuliers dans lesquels la fortune de quelques-uns a pu se trouver atteinte par le fait de l'Etat ; encore moins ferons-nous comparaison entre les années qui ont précédé pour faire ressortir les différences en plus ou en moins sur le chiffre des budgets ; nous prendrons la question de plus haut ; nous verrons la nature des dépenses faites ; nous verrons si les sacrifices considérables des départements de la guerre, de la marine, des travaux publics, n'ont pas leur raison d'être (à un autre point de vue), et si l'importance de la dette de l'Etat n'a pas de compensation, ou plutôt n'a pas sa contre-partie dans les fortunes privées.

Car alors l'Etat ne serait plus le prodigue qui creuse un gouffre sous ses pieds, et auquel une famille anxieuse cherche à donner un conseil judiciaire ; il serait, au contraire, le tuteur intelligent qui, au prix de sacrifices personnels, cherche à rendre plus belle encore la position future des mineurs qui lui sont confiés.

Lorsque la situation des finances de la France, exposée par un ministre courageux, et l'établissement d'impôts nouveaux, sont venus rappeler aux contribuables que la rente française était pour l'Etat un lourd fardeau à supporter, et que l'argent, ce nerf de tous les gouvernements, devenait un sujet de graves préoccupations, le premier cri public fut : « Economie, réduction des gros traitements, ajournement des constructions luxueuses, réduction de l'armée, de la marine, des bureaux, etc. »

Puis on alla plus loin : l'on se demanda pourquoi nos villageois allaient d'un bout à l'autre du monde promener le drapeau tricolore ; l'on prétendit que leurs bras seraient mieux employés à cultiver le sol de la France, qu'à répandre le sang des Chinois et des Annamites.

Mais, de toutes nos expéditions, la plus impopulaire est évidemment celle du Mexique.

L'on se dit, et non sans quelque apparente raison : « Que le Français brave, spirituel, léger, plus préoccupé du présent que de l'avenir, est terrible dans les combats, rapide dans la conquête, mais que deux choses l'empêchent d'être colonisateur :

1° Il ne peut se décider à quitter pour toujours son pays ; et la législation lui permet, depuis 1789, de posséder, sur le territoire de la mère-patrie, autant de sol qu'il lui convient d'en acquérir.

2° Il n'a pas la patience d'attendre les résultats tardifs qui doivent récompenser le colon.

Dès lors, pourquoi ces guerres lointaines qui nous donneront des territoires que nous serons impuissants à coloniser ?

L'Algérie est déjà trop vaste pour nos besoins d'expansion, et cependant son heureux sol permet toutes les cultures, toutes les industries. »

Ainsi s'expriment, ou à peu près, les mécontents

qui prétendent apprécier nos dernières expéditions.

Or, ces expéditions, nous n'avons pas mission de les défendre dans leurs détails ; mais, chercher à expliquer leur sens politique et commercial à des esprits prévenus, les faire apparaître sous le jour où nous les voyons nous-mêmes et réconcilier, si nous le pouvons, l'esprit public avec les actes d'un gouvernement éclairé, voilà la tâche que nous nous sommes proposée.

Lorsqu'on jette les yeux sur la carte d'Asie, l'on a peine à comprendre comment l'Angleterre, cette nation dont le berceau, si chétif, si ingrat, jeté par une convulsion sous-marine dans un coin de l'Atlantique, a pu, à une distance de 4,000 lieues, conquérir des domaines si vastes, subjuguer d'immenses populations, détrôner des souverains, en rendre d'autres tributaires, organiser enfin un commerce unique au monde par son importance et son ensemble.

L'on se demande quelle heureuse combinai son de la force armée et de l'industrie a pu amener un si brillant résultat.

Mais notre but n'étant pas de faire ici l'histoire de la Compagnie des Indes, bornons-nous à constater qu'entre la Perse, l'Arabie et la Chine, par conséquent à l'Ouest de celle-ci, l'Angleterre possède d'immenses territoires où elle est solidement assise, et d'où son génie envahisseur peut et doit rayonner vers l'Est, c'est-à-dire vers la Chine, magnifique et immense empire de 300 millions d'hommes.

Si nous regardons vers le Nord, nous verrons le colosse russe étendre ses bras de la Baltique à l'Océan Pacifique, et, par une progression lente mais continue, s'avancer graduellement, et se fortifier à chaque étape, en descendant le fleuve Amour.

Il eût fallu fermer les yeux sur les démarches des Anglais et des Russes pour ne pas comprendre que tôt ou tard ces deux grandes puissances arriveraient à exploiter le riche commerce des fertiles contrées chinoises, et peut-être à se substituer, dans un temps donné, aux habitants actuels, amollis par les habitudes de l'Orient, et présomptueux comme tous ceux qui, n'étant jamais sortis de leur propre pays, ne connaissent qu'eux-mêmes et méprisent tout ce qui n'est pas eux.

La France ne pouvait demeurer en dehors de ce mouvement qui pousse vers l'Est les contrées les plus occidentales de notre continent.

L'Empereur a compris que ce n'était pas en restant sur la campagne diplomatique de M. de Lagrenée, que la France pourrait jamais entrer en participation avec la grande Compagnie organisée pour l'exploitation de la Chine; aussi, tout en vengeant, de concert avec le gouvernement anglais, les injures faites à nos nationaux par les mandarins, a-t-il voulu que nous eussions, nous aussi, un pied bien établi sur cette portion du continent et, pour cela, il a choisi la seule place possible, celle qui s'offrait dans le Sud. Notre établissement en Cochinchine nous permettra, en effet, de nous approcher de plus en plus du centre commercial convoité.

Quels que soient cependant les succès remportés par nos armes ; si considérables que puissent être les territoires de la presqu'île sud de la Chine que nous mettrons sous notre domination immédiate ou médiate ; l'étendue de nos conquêtes de ce côté n'égalera jamais celle des contrées où l'Angleterre règne en souveraine, et surtout celle des possessions de la Russie au Nord.

Il fallait donc à la France, pour être égale ou supérieure à ces deux puissances dans l'entreprise chinoise (qu'on nous pardonne le mot), un avantage de plus, et cet avantage devait être d'un ordre tout différent.

La Chine offre au commerce de l'Occident les produits de son sol privilégié, et ils sont nombreux et importants : le thé, le riz, la cochenille, l'indigo, la soie, les pierres précieuses, le mercure et mille autres richesses dont l'énumération serait trop longue.

Par malheur, les Chinois sont fort difficiles sur le choix des objets qu'ils consentent à prendre en échange des marchandises qu'ils livrent.

Ni la monnaie fiduciaire des différentes contrées occidentales, ni leur or monnayé, ni leurs produits ne sauraient les séduire.

L'argent seul, monnayé ou en lingots, et considéré comme marchandise, leur plaît et sert de monnaie courante pour les échanges.

De là un drainage continuel de ce métal vers l'Orient et jamais de retour.

Les Anglais ont dû chercher longtemps un autre objet d'échange, et, connaissant le goût des Orientaux pour la mollesse et les hallucinations, ils ont organisé et monopolisé un large commerce d'opium qui, récolté dans leurs propriétés des bords du Gange et de l'Indus, est livré à la consommation des Chinois contre des marchandises mieux appréciées en Europe.

Ce commerce, loyal en lui-même, puisqu'il s'agit d'un troc ordinaire, prend les proportions d'un crime dont l'histoire rendra la nation anglaise responsable, si l'on considère la qualité toxique du produit.

Mais cette question, envisagée au point de vue de la morale et de l'humanité, n'entre point dans le cadre restreint que nous nous sommes tracé.

La Russie, bien qu'elle possède l'objet d'échange par excellence, l'argent natif dans ses mines plus célèbres qu'abondantes, la Russie, disons-nous, ne récolte pas suffisamment d'argent pour les besoins de sa propre circulation, et très-rarement nous la voyons vendre le précieux métal pour les besoins de reconstitution d'encaisse de nos établissements à garantie métallique.

Il appartenait à l'Empereur, dont les vues larges saisissent d'un seul coup les grands projets d'ensemble, de chercher à rendre les Français possesseurs de ce tant désiré objet d'échange, pour faciliter l'importation, sous le pavillon tricolore, des trésors du commerce chinois.

Après avoir étudié tour à tour les différentes contrées du globe, au point de vue de leur richesse géologique, il a vu qu'au Mexique seulement existaient de considérables gisements d'argent, et que, dès lors, il fallait saisir le prétexte qui s'offrait pour mettre le pied dans cette contrée si favorisée sous le rapport de son sol et de ses richesses, mais si infortunée par ses bouleversements sans cesse renaissants, par ses changements de gouvernement continuels, et par l'anarchie qui, pour dire la vérité, y règne en maîtresse souveraine depuis longues années.

L'Empereur aura donc, par cette expédition, trouvé le moyen de rendre le calme à une population souffrante, la richesse par la paix à une magnifique contrée, et il aura assuré à la France le commerce de la Chine en dépit des Anglais et des Russes.

Telles sont les considérations qui nous font regarder l'expédition du Mexique comme connexe de l'expédition de Cochinchine.

Nous ne pouvons séparer dans notre esprit les mines de la Sonora de nos comptoirs asiatiques dont Saïgon sera le premier ; et cette combinaison nous semble une des plus vastes conceptions de l'esprit humain.

C'est ainsi que se justifient les paroles de l'Empereur aux exposants récompensés de la dernière exposition de Londres, lorsqu'il leur montrait les ANGLAIS VAINCUS PACIFIQUEMENT CHEZ EUX PAR LES SEULES ARMES DE L'INTELLIGENCE ET DE L'INDUSTRIE FRANÇAISES.

Se plaçant à un autre point de vue, mais tendant à un résultat analogue, Napoléon Ier avait voulu s'emparer de l'Egypte; il prétendait ainsi rendre les Anglais tributaires de la France et monopoliser à son profit le commerce de l'Orient; l'héritier de son nom et de ses vastes projets aura su arriver au même résultat sans troubler l'équilibre de l'Europe et sans soulever une fois encore l'interminable question d'Orient.

Il est vrai que ces deux expéditions lointaines sont coûteuses; aux ministres de la guerre, de la marine et des finances appartient de savoir quel est le prix de revient d'un fantassin et d'un cavalier arrivé tout équipé devant Puebla ou Saïgon.

A l'intérieur, la dépense est considérable; ainsi le 4e réseau de nos chemins de fer est à l'ordre du jour; l'Etat voyant combien le trafic est peu rémunérateur sur les petites lignes intermédiaires, cherche à l'améliorer par des subventions ou par des garanties d'intérêt, et cette manière de procéder dote des localités peu privilégiées jusqu'ici, de voies ferrées qu'elles n'eussent pas possédé de longtemps, si l'industrie privée seule avait dû les entreprendre.

Ici encore il y a lieu d'examiner si ces dépenses de tout genre qui, depuis dix années, ont élevé le chiffre de nos charges publiques annuelles de 1,800 millions à plus de 2 milliards 200 millions, trouvent leur contre-partie dans les fortunes privécs.

Il est un fait économique admis sans réserve dans l'état actuel de notre civilisation : c'est que le commerce extérieur s'établissant, d'une part, entre les pays producteurs des matières premières et les pays industriels avancés qui possèdent les moyens de transformation, doit laisser pour bénéfice à ceux-ci le prix de la main-d'œuvre et du fret. C'est-à-dire qu'au pays industriel est imposée la nécessité de posséder des débouchés importants pour la vente, car c'est par la vente seulement que peuvent être réalisées les avances faites à la matière première, au transport, à la fabrication.

C'est ainsi que l'on peut concevoir les laines brutes venues d'Australie aux fabriques françaises et réexportées sous forme de tissus au pays même de la production primitive.

C'est ainsi que les produits des magnaneries de l'Inde et de la Chine sont transformés en France en tissus précieux et réexportés dans d'autres pays, laissant à l'ouvrier français le bénéfice de la main-d'œuvre, à l'armateur le prix de son fret, au commerçant le légitime bénéfice de son trafic.

En un mot, le pays intelligent est transformateur de la matière première, et il doit vivre de son industrie, à la condition de posséder des débouchés certains pour la revente de ces mêmes matières premières transformées.

Or, quel est le particulier ou l'association de particuliers capables d'entreprendre une œuvre semblable ?

N'est-on pas immédiatement amené par le sentiment le plus naturel à solliciter le secours de l'Etat?

N'arrive-t-on pas inévitablement à réclamer de lui ses flottes pour la protection des convois de marchandises et la destruction de la piraterie; ses agents diplomatiques pour la conclusion de traités de commerce et la création de comptoirs dans tous les pays du monde?

Ne lui demande-t-on pas sa protection armée pour venger les injures ou réprimer les fraudes dont nos nationaux ont été les victimes?

Et lorsqu'un gouvernement, comme celui de l'Empereur, un gouvernement qui comprend si bien les questions commerciales, (qui sont la vie pour un pays à la fois producteur et manufacturier) parvient, dans sa sollicitude, à suffire à tous ces besoins, à faire face à toutes ces exigences, à réaliser tous ces avantages, lorsqu'il cherche à enrichir chacun pour créer le bien-être général; des hommes sérieux, des hommes d'ordre et qui n'érigent pas l'opposition en système viennent lui reprocher les millions dépensés pour une si noble cause!

Et qu'importe après tout la dette de l'État, si la

fortune privée s'augmente dans les mêmes proportions?

Faudrait-il aussi blâmer l'Etat de subventionner des chemins de fer intérieurs qui ne se feraient jamais sans lui?

Faudrait-il lui faire un crime de tendre de tous ses efforts à l'abaissement des tarifs sur les canaux et sur les voies ferrées?

Aveugles ceux qui ne voient pas qu'un gouvernement qui fait de telles choses mérite l'encouragement plutôt que le blâme, et qui, dans l'intérêt de leur personnalité électorale, jettent le trouble dans les masses, par l'intempestive production de chiffres qu'ils n'ont même pas la peine de rechercher, car la franchise de l'État les livre chaque année à leur appréciation.

Ont-ils pensé à la dépréciation des métaux précieux qui, en augmentant le chiffre nominal du budget, le laisse cependant dans les mêmes rapports avec les hommes et les choses?

Qu'arriverait-il d'une chambre composée de ces réformateurs de budget?

Ces députés d'ordre et de conservation entameraient-ils avec la couronne une lutte *à la prussienne?*

Viendraient-ils détruire l'harmonie qui existe entre le chef de l'État et le pays?

Qu'ils nous disent avant de commencer à ébranler l'édifice, à quel étage s'arrêteront les ruines, et quels sont leurs moyens pour le reconstruire.

En commençant ce travail, nous avons cité

comme exemple un État voisin dont le génie commercial a su entraîner à sa remorque 200 millions de sujets ; rappellons-nous que cette nation n'est devenue grande que par sa confiance dans ses gouvernants, par sa force d'expansion, par ses sacrifices immenses en vue d'obtenir des débouchés pour son commerce, par son amour et son respect pour le pouvoir qu'elle s'est donné ; et ne perdons pas de vue que ces raisons seules expliquent cette différence anormale entre la rente française et les consolidés, bien que la dette anglaise excède 20 milliards, tandis que la nôtre est moindre de plus de moitié.

Hüe de Carpiquet, marquis de BOUGY.

Paris — Imprimerie Schiller, 10, Faub. Montmartre.

www.ingramcontent.com/pod-product-compliance
Lightning Source LLC
LaVergne TN
LVHW010222230826
846091LV00008BB/3626

* 9 7 8 2 0 1 1 7 8 1 6 6 6 *